www.ingramcontent.com/pod-product-compliance
Lightning Source LLC
Chambersburg PA
CBHW031942090426
42811CB00002B/271
* 9 7 8 1 6 3 6 5 7 0 3 3 4 *